# LOS DONES
## DEL EMPRENDEDOR
# EXITOSO

**Muchos son los llamados y solo unos
cuántos los elegidos**

## STEVE NIELSEN

BARKER & JULES

**BARKER ⊜ JULES**

LOS DONES DEL EMPRENDEDOR EXITOSO

Edición: Barker & Jules Books™
Diseño de Portada: Juan José Hernández Lázaro | Barker & Jules Books™
Diseño de Interiores: Juan José Hernández Lázaro | Barker & Jules Books™

Primera edición - 2020
D. R.© 2020, Steve Nielsen

I.S.B.N. | 978-1-64789-302-6
I.S.B.N. eBook | 978-1-64789-303-3

**BARKER & JULES, LLC**
2248 Meridian Blvd. Ste. H, Minden, NV 89423
barkerandjules.com

# ÍNDICE

# AGRADECIMIENTO

Agradezco a Dios porque mis únicas limitaciones son las que crea mi mente, y por poner en mi camino a personas talentosas que me inspiran a vivir mis sueños en libertad y tranquilidad.

# INTRODUCCIÓN

En este libro encontrarás las respuestas a las preguntas que tienen las personas antes de emprender un negocio. Normalmente las dudas llegan cuando se tiene que tomar la decisión de emprender o continuar siendo empleado en una compañía. ¿Te preguntas si eres capaz de ser exitoso o si fracasarás en el intento? En este libro conocerás el perfil del emprendedor exitoso, Identificarás sus rasgos y comportamientos que lo hacen imparable a la hora de emprender.

No renuncies a tu empleo sin antes haber leído este libro, evita ser un emprendedor fracasado. Una vez que hayas conocido los dones del emprendedor exitoso ponte en acción y empieza a trabajar en tu proyecto. Conocerás los pasos a seguir para empezar tu nueva empresa y cómo debes actuar para corregir el rumbo.

Hay emprendedores exitosos y hay emprendedores fracasados, ¿Qué es lo que los diferencia? ¿Cuáles son las cualidades que pocas personas tienen para no darse por vencidos? ¿Cómo sabrás que eres exitoso?

Encontrarás los conceptos que te permitirán situarte en una realidad sostenible en el tiempo, tendrás argumentos bíblicos a tu alcance que durante miles de años han cambiado vidas por su sabiduría. Qué mejor coach que Dios mismo. Tendrás información e ideas que han sido aplicadas durante siglos hasta a la actualidad, sin haberse modificado una sola letra. Identificarás tus propios dones que te hacen único en este mundo que te llevarán a obtener los resultados que mereces. También identificarás lo que te ha mantenido en tu punto de confort durante toda tu vida. Tomarás consciencia del efecto que tiene el miedo al fracaso en ti, y qué comportamientos te han mantenido en la mediocridad. Conocerás los indicadores financieros básicos y establecerás las principales métricas que te servirán para medir el desempeño financiero de tu empresa. Este libro te llevará a conocerte a ti mismo y a ser realista contigo y con tu proyecto.

# MATEO 22:14
## "Muchos son los llamados y pocos son los elegidos"

# EL EMPRENDEDOR

A los emprendedores no los puedes encontrar en cualquier lugar, pasan desapercibidos con el resto de las demás personas, están entre nosotros y son menos del diez por ciento de la población, generalmente sus objetivos de vida difieren de los estándares impuestos por la sociedad y las universidades. No estudian maestrías para aparentar ser más inteligentes, no tienen problema por estudiar en universidades públicas y quizás hasta pueden interrumpir sus estudios sin complicarse la existencia. Les es indiferente recibir reconocimiento laboral de sus compañeros de trabajo. Para ser emprendedor no se requiere estar en el cuadro de honor por excelencia académica en una escuela, sin embargo, los emprendedores son personas enfocadas en sobresalir en su trabajo y en obtener resultados extraordinarios.

Los emprendedores son prácticos y enfocados en la mejora continua. Se incomodan haciendo tareas rutinarias y no pueden estar encerrados por largos periodos en una oficina. Son personas poco comunes que desarrollaron la capacidad de soñar despiertos por un futuro de libertad e independencia financiera. Tienen un deseo ferviente por conseguir más de lo que ya tienen. Padecen insomnio pensando, diseñado y sintiendo su visión de futuro. La mediocridad no existe en su vocabulario. Tienen un don que los mantiene en constante movimiento, como una flama interior que los mueve para obtener más conocimiento. Son responsables de su propio desarrollo educándose a sí mismos, leen libros, asisten a cursos y ven tutoriales de auto ayuda. Están dispuestos a superar cualquier obstáculo que se ponga en su camino. Pueden trabajar temporalmente para alguien más, pero generalmente lo consideran un paso más para trazar sus propios proyectos que los llevará a su libertad viviendo sus sueños.

Son ambiciosos y quieren mejorar su calidad de vida, quieren bienes materiales, trabajan para alcanzar sus objetivos. Están dispuestos a sacrificarlo todo para lograrlo, y en caso de ser necesario están dispuestos a volver a empezar de cero. Son disciplinados y decididos. Valoran el presente y se preparan constantemente para mejorar su futuro. Desarrollan su propio liderazgo, ven a las personas exitosas como casos de estudio para motivarse a sí mismos, estudian sus patrones de pensamiento, los imitan, se motivan y practican todo el tiempo. Enriquecen su círculo de amistades con personas afines a ellos. Sus limitaciones no son un problema, de hecho, las usan como agente de cambio y motivación para otras personas. Saben que recibieron el don de la persistencia y que con trabajo duro y tiempo alcanzarán sus objetivos.

Los emprendedores son personas positivas, realistas y trabajadoras incansables que no aceptan excusas para alcanzar su visión a futuro, son el motor industrial de los países y generan arriba del 70% de los empleos.

# UTILIZA TUS DONES

Todas las personas han sido bendecidas con dones diferentes y tienen una personalidad única e irrepetible. Así de asombrosa es la naturaleza, no se conoce una persona exactamente igual a otra ni en pensamiento ni en su físico. En la historia de la humanidad nunca se ha conocido a una persona que haya nacido dos veces. Todos recibimos una mezcla de diferente dones, capacidades físicas e intelectuales. Por tal motivo nunca podremos generar los mismos resultados que otras personas han logrado a base de su esfuerzo, pero si podemos estudiarlos y usar su ejemplo para aplicarlo a nuestra vida para obtener nuestros propios logros. Por lo tanto, si los dones recibidos son grandes se esperaría que el emprendedor realice grandes obras.

## Fracción de la Parábola de los Talentos
## Mateo 25, 14-30.

*Señor, cinco talentos me entregaste; aquí tienes otros cinco que he ganado. Su señor le dijo: ¡Bien, siervo bueno y fiel!; en lo poco has sido fiel, al frente de lo mucho te pondré; entra en el gozo de tu señor. Llegándose también el de los dos talentos dijo: Señor, dos talentos me entregaste; aquí tienes otros dos que he ganado. Su señor le dijo: ¡Bien, siervo bueno y fiel!; en lo poco has sido fiel, al frente de lo mucho te pondré; entra en el gozo de tu señor. Llegándose también el que había recibido un talento dijo: Señor, sé que eres un hombre duro, que cosechas donde no sembraste y recoges donde no esparciste. Por eso me dio miedo, y fui y escondí en tierra tu talento. Mira, aquí tienes lo que es tuyo. Mas su señor le respondió: Siervo malo y perezoso, sabías que yo cosecho donde no sembré y recojo donde no esparcí; debías, pues, haber entregado mi dinero a los banqueros, y así, al volver yo, habría cobrado lo mío con los intereses. Quitadle, por tanto, su talento y dádselo al que tiene los diez talentos. Porque a todo el que tiene, se le dará y le sobrará; pero al que no tiene, aun lo que tiene se le quitará. Y a ese siervo inútil, echadle a las tinieblas de fuera. Allí será el llanto y el rechinar de dientes.*

Como dice la parábola de los Talentos, el señor le pide cuentas diferentes a sus siervos porque cada uno recibió diferentes dones, en ningún momento está pidiendo más resultados al que recibió menos, sin embargo, les está pidiendo que asuman responsabilidad por lo que hicieron con los dones que les fueron entregados. Es interesante ver que el siervo irresponsable que tuvo miedo es castigado, y aún más interesante, todo lo que tenía fue dado al siervo que tenía más dones. Es decir que si el emprendedor vence el miedo y usa sus dones puede beneficiarse de otras personas que han sido presa del miedo. Hay que generar más y como regalo recibirás todavía más. Y en sentido contrario, no hagas nada y lo que tienes se te quitará. El miedo es una emoción que tiene su luz y su sombra, en su sombra te paraliza y te detiene, pero en su luz te mantiene alerta buscando alternativas diferentes. Usa el miedo a tu favor, no permitas que te paralice ni que apague tus sueños, úsalo para vivir en movimiento conociéndote a ti mismo, encuéntrate y ve por lo que mereces.

**Crónicas 1:12 Te concedo sabiduría y conocimiento, pero ademas te daré riquezas, bienes y honores, como no tuvieron los reyes que hubo antes de ti ni los tendrán los que habrá después de ti**

Dios premió al Rey Salomón con el don de la sabiduría lo que le permitió generar grandes riquezas y beneficios para su familia. Bajo esta premisa se puede afirmar que las riquezas son vistas con buenos ojos para Dios siempre y cuando sean obtenidas con integridad y utilizadas para el bien de la comunidad. Entonces ¿Por qué no buscar la sabiduría y ser un emprendedor exitoso? ¿Por qué no buscar las riquezas en lugar de la mediocridad y la autocompasión?

Según esta parábola Dios premia la riqueza obtenida íntegramente, y castiga al temeroso que no usó sus dones. Premia el intercambio de bienes y servicios como medio de vida, y castiga al holgazán. Premia a los líderes íntegros otorgándoles sabiduría y riqueza.

Emprender es un trabajo complicado que requiere desempeñar un trabajo extraordinario que demanda todos nuestros sentidos, nuestras fuerzas y recursos, de tal forma que, se facilita cuando estamos convencidos de que vamos guiados por la mano de Dios para alcanzar nuestros sueños.

**Isaias 40:31 "Pero los que confían en el señor renovarán sus fuerzas; volarán como las águilas; correrán y no se fatigarán: caminarán y no se cansarán"**

Nadie es profeta en su tierra por lo que te sorprenderá que al iniciar tu emprendimiento los amigos desaparecerán. Algunos permanecerán a tu lado simulando ayuda, pero en realidad solo quieren ver qué tan cansado vas y que tan espinado ha sido tu camino. Los verdaderos amigos que te apoyarán incondicionalmente los contarás con los dedos de una sola mano. A tus amigos les puedes pedir ayuda, pero en general solo te apoyarán si les das moche o ganancia a cambio, obviamente hay algunas excepciones. Es más fácil que un cliente se haga tu amigo a que tus amigos se hagan tus clientes. La ayuda incondicional generalmente la recibirás de algunos miembros de tu familia.

El emprendimiento requiere de todos tus sentidos, muchas horas de esfuerzo y trabajo. Triunfarán aquellos que estén dispuestos a trabajar largas jornadas de trabajo sacrificando fiestas y días festivos. El verdadero emprendedor empieza de cero y lo arriesga todo.

# DA TU MÁXIMO ESFUERZO

Más del noventa por ciento de las personas no son emprendedoras porque no están dispuestas a pagar el precio para lograrlo, y prefieren vivir en la comodidad de la mediocridad. La mediocridad te regala un estilo de vida que te mantiene estable y en tu zona de confort. Es un anzuelo que te tiene atado, pero no te mata, te mantiene en un mismo sitio, da a las personas falsas sensaciones de felicidad. La mediocridad te mantiene pequeño y no te permite vivir en tu máxima grandeza. La mediocridad es tan malvada que en lugar de quitártelo todo prefiere satisfacer tus necesidades básicas. Aprieta, pero no te ahorca, te hunde, pero no te ahoga, no te encierra, pero te tiene atado como la cadena a un perro. Te hace sentir libre, pero en tu interior sabes que mereces más. La mediocridad es la droga más dañina para el ser humano porque no sabe que es presa de ella, incluso no la tomas voluntariamente, no la venden en una farmacia o en una esquina clandestinamente. La mediocridad se hereda, se aprende desde el nacimiento. Afecta todos los sentidos de tu cuerpo para mantenerte lejos de cualquier riesgo, recibes consuelo de personas adictas a ella, te consuelan por ser tan pobre y te alientan a continuar como estás. La mediocridad manda mensajes al cerebro para mantenerte inmóvil. Te mantiene lejos de tus objetivos y sueños. Ordena a tu cuerpo que se mantenga en descanso continuo para no padecer fatiga, consumes más calorías de las que puedes gastar, te mantiene acostado a la cama para no ir al gimnasio, te indulta para no asistir a la misa dominical, te permite faltar a la escuela o llegar tarde al trabajo. Te aplaude cuando compras cosas pequeñas con valor debajo del que mereces. Te hace sentir bien cuando tu círculo de amigos es mediocre, eres bien aceptado. La mediocridad genera un magnetismo con otros mediocres y las reúne con frecuencia para quejarse de todo a su alrededor, de su gobierno, de su patrón y de otras personas. No les permite asociar soluciones al respecto. La mediocridad anula cualquier actuador para alcanzar tu máxima grandeza.

## Proverbios 6:6-19

*Anda a ver a la hormiga, perezoso; fíjate en lo que hace, y aprende la lección: aunque no tiene quien la mande ni quien le diga lo que ha de hacer, asegura su comida en el verano, la almacena durante la cosecha. ¡Basta ya de estar acostado! Mientras tú sueñas y cabeceas, y te cruzas de brazos para dormir mejor, la pobreza vendrá y te atacará como un vagabundo armado. El que es malvado y perverso anda siempre contando mentiras; guiña los ojos, hace señas con los pies, señala con los dedos; su mente es perversa, piensa siempre en hacer lo malo y en andar provocando peleas. Por eso, en un instante le vendrá el desastre; en un abrir y cerrar de ojos quedará arruinado sin remedio. Hay seis cosas, y hasta siete, que el Señor aborrece por completo: los ojos altaneros, la lengua mentirosa, las manos que asesinan a gente inocente, la mente que elabora planes perversos, los pies que corren ansiosos al mal, el testigo falso y mentiroso, y el que provoca peleas entre hermanos.*

Hay leyes del universo, fuerzas y cosas que existen entre nosotros y que no se perciben a simple vista, pero ahí están. Por ejemplo, la Ley de la Gravedad descubierta por Isaac Newton, esta ley se cumple en todo momento, existe, aunque no creamos en ella. Si tienes dudas aviéntate de clavado y seguramente iras directo al suelo. No hay manera de negarlo y quizás tampoco de explicarlo a personas de mente cerrada y sin conocimientos de física. El aire que respiramos no lo vemos, pero al menos lo podemos sentir. La electricidad, la fuerza de voluntad, el amor y la compasión, también existen. Quiero hacer énfasis en otra fuerza universal que es la Ley de la Correspondencia, que al igual que los ejemplos mencionados no la podemos ver, pero existe. En síntesis, esta Ley dice que el universo está listo para darte todo aquello que deseas siempre y cuando hayas pagado el precio por ello. Es decir que para cosechar debiste haber sembrado, para adelgazar debiste haber hecho ejercicio, para tener un negocio debiste haber emprendido, para tener dinero en abundancia y conservarlo debiste haberlo ganado diligentemente.

Desafortunadamente algunas personas creen lo que leyeron en el Libro de "El Secreto" que dice que recibirás las cosas con tan solo desearlas fervientemente, pero el universo no funciona así. Estoy de acuerdo en que los pensamientos son energía y por lo tanto se pueden materializar, pero solo será posible si esa energía se transforma en energía mecánica, que la pongas a trabajar en ello, es decir, que te muevas y que pagues el precio.

¿Qué pasará si tomas dos metales ferrosos y los acercas a la puerta del refrigerador para que se queden pegados? Obviamente caerán al piso porque no tienen un campo magnético. Te aseguro de que si deseas fervientemente durante diez años seguidos que se queden pegados al refrigerador nunca lo harán porque no han sido magnetizados y no importa cuántas veces repases el libro de "El Secreto", nunca lo harán. Pero si pagas a un taller eléctrico para que magneticen uno de los dos metales, esta pieza se convertirá en un objeto magnético y quedará pegado de inmediato a la puerta del refrigerador. La otra pieza de hierro seguirá con carga neutra y jamás tendrá la fuerza de la atracción para adherirse a la puerta. Así es como funciona todo en la vida. Hay quienes se frustran por no atraer nada positivo a su vida, pero no están dispuestos a realizar los cambios necesarios para lograrlo. Los seres humanos podemos hacer cambios físicos y espirituales en nuestras vidas. Podemos cambiar nuestra energía y redireccionar nuestros pensamientos para alcanzar nuestra máxima grandeza, sólo hay que pagar el precio.

Algunas veces te has preguntado que fue primero, ¿El huevo o la gallina?, ¿El fruto o el árbol?, ¿El dinero o el emprendedor? Pues mi punto de vista es que el mundo está lleno de personas como de gallinas en un granero, y que solo un porcentaje muy pequeño de ellas están dispuestas a poner todos los huevos. Sobran gallinas, pero faltan huevos. Sobran personas, pero faltan emprendedores. Sobran proyectos y dinero, pero faltan emprendedores con deseos de salir adelante. Pareciera que los huevos están debajo de gallinas muertas, o bien, que los proyectos están en manos de personas sin pasión por ser emprendedores. La pasión es la que nos permite salir adelante cuando todos se dan por vencidos. Las personas que viven con pasión hacen de lo ordinario algo extraordinario. Conviértete en la gallina que pone los huevos de oro. Si cada persona con estudios universitarios emprendiera su propio negocio no habría desempleo ni hambre en el mundo, pero lamentablemente la mediocridad mantiene a los graduados universitarios atados a un empleo con una falsa esperanza de gloria, y terminan robándole el trabajo rutinario a otras personas menos privilegiadas sin estudios profesionales. Los trabajos de rutina deberían ser asignados a personas inteligentes sin licenciaturas y sin posibilidades de emprender, y los egresados de universidades deberían ser emprendedores. Así se acabaría el desempleo en el mundo. Pero el problema es que la mediocridad apaga los sueños de las personas sin visión, sin ambición y sin motivación. Las universidades siguen generando empleados en lugar de empresarios. Imaginen cobrar un impuesto a cada universidad que genere empleados en lugar de empresarios, el mundo sería distinto.

# EL PREMIO DE EMPRENDER

Tuve la oportunidad de ver un video donde un hombre daltónico recibió unos lentes de regalo que le permitieron ver la vida de colores. Fue hermoso ver la sensación de alegría de esta persona al colocarse los lentes, vio exactamente lo mismo, pero con colores diferentes, fue una escena conmovedora. Recuerdo ver sus lágrimas en los ojos, quitándose los lentes y volviéndolos a poner para comparar el antes y después. Su actitud era de agradecimiento con quienes le hicieron el regalo. El ambiente era conmovedor al grado de que los presentes rompían en llanto. Pero ¿Cómo puede haber tanto agradecimiento de una persona que no tenía ceguera? Pues es debido a que pudo ver las cosas como en realidad son. Pudo ver el color de las cosas a su alrededor, el color de los ojos de sus hijos, el color del cielo y de las flores. Pudo conectar su alma con las maravillas que Dios puso sobre la tierra. Como cuando una persona saborea los alimentos después de quitarse una pinza de la nariz. Aparece esa conexión del cerebro con el sentido del gusto que los demás no ven, pero existe.

Pues así es el premio del emprendedor que logra completar su viaje al emprendimiento. A vista de las demás personas él sigue siendo el mismo, pero la forma en la que el emprendedor ve el mundo es diferente. Disfruta mucho más su tiempo personal, pasa más tiempo en compañía de su familia. A pesar de que el dinero nunca será suficiente y de que tiene la obligación de multiplicarlo por los dones que ha recibido, el emprendedor se convierte en el administrador de éste y no en su esclavo. Quizás sus negocios aun no le retribuyen grandes sumas de dinero y quizás no lo hagan, pero su relación con el dinero cambia. Sus posibilidades de inversión son mayores. Su autoestima crece, su relación con las personas y su calidad de vida mejoran considerablemente. No importa que no haya ganancias económicas sustanciales al principio. Su semblante es de agradecimiento.

Josué 1:9 "Ya te lo he ordenado: ¡Se fuerte y valiente! ¡No tengas miedo ni te desanimes! Porque el Señor tu Dios te acompañará a donde quiera que vayas"

El emprendedor está dispuesto a luchar incansablemente por no perder el premio y por no ser nuevamente esclavo del dinero. Es un guerrero nato que está dispuesto a luchar incansablemente por su propiedad. Seguirá estableciendo nuevas estrategias para mantenerse en la cima y subir cada vez más alto. Establece mecanismos y forma equipos de trabajo para que su negocio no dependa totalmente de él. Está consciente de que siempre habrá problemas por resolver y que deberá estar enfocado en generar valor a sus clientes. El emprendedor al igual que los empleados corren el riesgo de empezar de nuevo en cualquier momento, sin embargo, ¿En qué lado quieres estar? ¿Emprendedor o empleado?

Te presento los escenarios que quizás estés viviendo y no sabes que hacer.

## Escenario 1. Eres un empleado exitoso.

¿Para qué emprender si tienes un trabajo que cumple tus expectativas salariales y de crecimiento?, Tienes un horario de trabajo aceptable, puedes ver a tu familia y amigos, te capacitan, te dan permisos cuando los ocupas y hasta descansas los fines de semana. Puedes comprar un automóvil deportivo, pagas los colegios de tus hijos y te dan facilidades para pedir un préstamo y comprar una casa aceptable. De hecho, tu salario está por encima del promedio de los egresados de tu carrera y además te llaman gerente o director. Tienes mínimo quince días de vacaciones y quince días de aguinaldo al año. Estás tranquilo porque el seguro de gastos médicos mayores que te ofrece la compañía cubre los mejores hospitales de tu ciudad. Hablas mínimo dos idiomas y quizás tengas estudios de maestría. Te consideras afortunado porque públicas las vacantes de la empresa y decides a quién contratar y a quien le llamas después. Incluso tienes la seguridad de que si algún día eres despedido recibirás una jugosa compensación por los años trabajados. Tu ahorro para el retiro crece mes a mes. Tienes acceso a tarjetas de crédito para tomarte unas excelentes vacaciones una vez al año. Puedes ir al cine cuando quieres y puedes comer en restaurantes finos con frecuencia. Asistes al estadio para ver a tu equipo favorito de futbol. Sin embargo, a pesar de todos estos beneficios sientes un vacío interior en ti porque sabes que hay personas que tienen menos dones que tú, que son emprendedoras y que generan más riquezas de las que tu empleador te paga, pero ¿Valdrá la pena arriesgar lo que tienes por emprender en un viaje que solo nueve de cada cien lo logran?

## Escenario 2. Eres un empleado frustrado.

Estudiaste tantos años para trabajar en una empresa que ni siquiera te valora, no hay crecimiento en el corto plazo y mucho menos a largo plazo. Hay veces que recibes amenazas de tu jefe para que te quedes a trabajar horas extras sin paga adicional. Los sábados asistes a trabajar hasta tarde y lo que quieres es llegar a tu casa a descansar. No hablas un segundo idioma y tampoco te alcanza tu salario para pagar un maestro, o no te alcanza el tiempo para asistir a clases. Tus hijos asisten a escuelas públicas y esperas con ansias un aumento de sueldo para poder pagar un colegio decente, pero tienes miedo de no poder pagarlo porque te pueden correr cualquier día. Buscas oportunidades en otras empresas, pero el salario es el mismo, de hecho, pareciera que las empresas se ponen de acuerdo de cuánto deberían pagarte. Eres Gerente, pero vives en una colonia con vecinos de todas las clases sociales. Sientes que algo no encaja en tu vida y quisieras ser el dueño de tu propio negocio. Tienes hambre de éxito y de riquezas, pero no sabes cómo ni dónde empezar. De hecho, no tienes dinero para invertir. ¿Valdrá la pena correr el riesgo de emprender y perder lo poco que tienes?

## Escenario 3. Eres estudiante.

Los estudiantes deben tomar la decisión más importante de su vida en el momento de menor madurez y experiencia. Pueden estar viviendo con uno de los padres de los dos escenarios anteriores donde su padre es un exitoso empleado, o donde su padre no tiene suficientes recursos. En el segundo caso el estudiante tendrá que conseguir un empleo debido a que debe cubrir sus necesidades básicas con el pago de un salario. Generalmente en los dos escenarios los estudiantes no tienen los compromisos de mantener hijos, pagar hipotecas caras, pagar vehículos, etc. La pregunta que surge es ¿Estás dispuesto a empezar un negocio al finalizar tu carrera? ¿Te sientes con la seguridad de que serás exitoso?

Las personas tenemos incluido desde el nacimiento ese software que se llama "miedo". Es esa emoción que nos mantiene con vida en situaciones de posible peligro, pero como todo software carece del sentido común. Se vuelve sobreprotector y nos aleja de oportunidades buenas y malas. No importa en cuál de los tres escenarios anteriores te encuentres, en los tres sentirás miedo. El único antivirus para neutralizar el miedo se llama "Seguridad en ti mismo", y la seguridad en ti la obtendrás con preparación, planeación y ahorro, mucho ahorro, lo suficiente para operar seis meses tu negocio sin ingresos. Esto es lo que te diferencia de los emprendedores fracasados. Así como invertiste años estudiando una carrera, ten paciencia e invierte el tiempo necesario para generar ese ahorro. Ese es el precio que tienen tus sueños, págalo y empieza de inmediato. El emprendedor tiene el gusto por establecer metas, es multifuncional y no se complace con poco. Seguramente tienes libros pendientes por leer a un lado de tu cama y eres bueno realizando hojas de cálculo para analizar oportunidades de negocio que vienen a tu mente. Sientes hambre por recibir más de la vida. Pero si no tienes ahorro difícilmente serás un emprendedor exitoso. Obviamente si tu ambición es tener un negocio informal tipo changarro, pues seguramente no requieras ahorrar tanto. Pudiera ser que tu ambición sea pequeña y está bien, finalmente el tamaño de tus ambiciones va de la mano con tus dones recibidos. Aún y cuando tus aspiraciones de negocio sean pequeñas debes tener la capacidad de ahorro en pocas cantidades, de lo contrario tampoco tendrás la habilidad de ahorrar cuando manejes grandes cantidades de dinero. El ahorro es el resultado del manejo de tus emociones. Debes controlar tus emociones para que tus ahorros permanezcan en constante crecimiento.

# CONSIDERA EL PAGO DE IMPUESTOS

Si pasaste a este capítulo es porque muy probable seas emprendedor. De ser así eres un espécimen escaso y solo perteneces al nueve por ciento de la población. Tienes claro de que existe una probabilidad alta de que tu negocio fracase durante los primeros tres años y aun así quieres correr el riesgo. Eres el líder y sabes que tendrás que formar un equipo de trabajo que sea más hábil que tú en diferentes especialidades. Deberás tener mucha tolerancia a la frustración. Aprenderás aspectos básicos de finanzas, contabilidad, sistemas, ventas, inventarios, manufactura, mercadotecnia, cobranza, entre otros.

Pagarás al gobierno oportunamente los impuestos incluyendo la seguridad social para tus trabajadores. No pagar impuestos te puede quitar tu tranquilidad y por supuesto tu libertad. No caigas en tentaciones. Contrata un despacho contable para que lleve tu contabilidad fiscal para que te apoye a deducir apropiadamente los impuestos para que pagues lo menos posible, siempre y cuando, estés dentro de la ley.

## Mateo 21, 33-46 Parábola de los Viñadores Perversos.

*"Un hombre plantó una viña, la arrendó a unos labradores y se ausentó por mucho tiempo."* A su debido tiempo, envió un siervo a los labradores para que le diesen una parte del fruto de la viña. Pero los labradores le apalearon y le despacharon con las manos vacías. Volvió a enviar otro siervo, pero también a él le apalearon, le insultaron y le despacharon con las manos vacías. Tornó a enviar un tercero, pero también a este lo malhirieron y lo echaron. Dijo, pues, el dueño de la viña: *"¿Qué hare? Voy a enviar a mi hijo querido; tal vez le respeten."* Pero los labradores, al verle, se dijeron entre sí: *"este es el heredero; matémoslo, para que la herencia sea nuestra."* Lo echaron fuera de la viña y le mataron. *"¿Qué hará ahora con ellos el dueño de la viña? Vendrá, dará muerte a estos labradores y entregará la viña a otros. "Al oír esto, dijeron: ¡Dios no lo quiera!"* pero él clavando en ellos la mirada, dijo: *"Pues, ¿Qué es lo que está escrito: La piedra que los constructores desecharon en piedra angular se ha convertido? Todo el que caiga sobre esta piedra se destrozará y aquel sobre quien ella caiga quedará aplastado."*

Esta parábola nos invita a manejar nuestros negocios con rectitud y a pagar los impuestos oportunamente por las ganancias obtenidas, y en caso de no hacerlo, seguramente habrá consecuencias graves como perder tu negocio, el cual será entregado a otro emprendedor cumplido. Desde esta perspectiva podemos pensar que habrá emprendedores que cometerán errores como lo hicieron los labradores, los cuales perderán sus negocios. Sus proyectos y clientes serán entregados a otros emprendedores que estén llevando sus negocios apropiadamente, por lo tanto, debes estar preparado para visualizar las oportunidades que se presenten por emprendedores incumplidos.

El emprendimiento no es para personas comunes, mucho menos para aquellos que no les gusta trabajar o levantarse temprano. Al iniciar tu proyecto seguramente no tendrás tus descansos de fin de semana.

Te apoyaré a realizar todos los preparativos básicos para tu emprendimiento. Primero definiremos el rumbo. Empecemos...

# NO EXISTEN LOS VIAJES EN LÍNEA RECTA

No te compliques la existencia queriendo tener todo bajo control porque eso te bloqueará y nunca empezarás, relájate y empieza con lo básico: No hay un manual de operación que te determine con exactitud lo que debes hacer primero y qué después, tu camino no será en línea recta, de hecho, las condiciones y la geografía cambiará con frecuencia, habrá caminos sinuosos, con bajadas y sorpresas que te causarán vértigo, habrá tormentas y sequías. Te toparás con personas que querrán robar lo que tienes, y habrá otras que te dirán que tienen la lampara mágica para mejorar tu proyecto, y en tu desesperación, querrán que les pagues grandes sumas de dinero. Habrá personas que abusarán de tu confianza e inexperiencia para quedarse con tus clientes y querrán que te des por vencido para quedarse con lo tuyo. Tus enemigos irán a tu lado como lobos vestidos de ovejas. Habrá situaciones y etapas de tu proyecto que te harán sentir cómodo y querrás quedarte ahí, se cauto y no pierdas de vista tu destino. Te invitarán a regresar a dónde empezaste por lo fácil y cómoda que era tu vida antes. Habrá preguntas sin respuestas y querrás dejarlo todo. Pensarás que los demás emprendedores tienen un libro con todas las respuestas que estás buscando, pero no es así, ese libro no existe. Cada viajante hace uso de sus dones para seguir su propio camino abriendo sus propias brechas. Los más experimentados hacen alianzas con asesores para hacer rentable su viaje. El sentido común es la única arma que llevarás y la estarás usando todo el tiempo, conforme avances iras dando solución más rápido a los problemas e irás generando confianza y autoestima. Este no es un viaje contra el tiempo, es un viaje de prueba y error, de experimentación y aprendizaje, de mejora continua.

**Jeremias 33:3
Clama a mí, y yo te
responderé y te
enseñaré cosas
grandes y ocultas
que tú no conoces**

Difícilmente el emprendedor que quiere tener un negocio de alto impacto podrá hacerlo si conserva su empleo. Los emprendedores exitosos dedican el cien por ciento del tiempo a su negocio para evitar distracciones que le impidan dar el seguimiento adecuado. El mantener su empleo y emprender al mismo tiempo es el principal dilema al que el emprendedor se enfrenta.

¿Renunciar a su empleo o llevar los dos proyectos al mismo tiempo? Esta es una de las respuestas que no se puede encontrar en ninguna parte porque cada emprendedor y cada proyecto son diferentes. Los emprendedores que se hacen esta pregunta lo hacen porque su proyecto es poco ambicioso y no están completamente convencidos. En ese caso, el emprendedor debería continuar en su empleo y buscar otro proyecto que sea suficientemente ambicioso para que valga la pena renunciar. Para correr el riesgo de renunciar a tu empleo, el proyecto debe prometer utilidades muy atractivas y muy por encima de lo que paga su empleo actual. Hay emprendedores que cometen el error de renunciar a su empleo con miras a emprender un negocio que les va a dar las mismas ganancias que le genera su empleo. Eso no se debe hacer. El riesgo de renunciar a su empleo se toma para proyectos que prometen mucha más utilidad que la que le ofrece su empleo actual. De lo contrario no lo haga. Evítese la pena de perder tiempo y dinero. Emprender es más exigente que laborar para otra persona, hágalo sólo si va a ganar mucho más dinero. Piense en grande, muy en grande, el esfuerzo será el mismo, pero menos agotador y frustrante si las utilidades esperadas son altas.

Debes estar alerta cada vez que pierdas rumbo, tú serás el satélite que irá monitoreando tu ruta, usarás indicadores para realizar los ajustes necesarios minimizando las desviaciones que se vayan presentando. No hay atajos, tomate el tiempo necesario, aprende de cada situación y documéntalo.

En una ocasión escuché que un grupo de novatos visitaron el Monte Everest para escalarlo. Los jóvenes llegaron a la base de la montaña y subieron hacia la cima sin tomarse suficiente tiempo para que el cuerpo se adaptara en cada campamento. Subían solo con breves descansos, sin esperar a que el cuerpo se aclimatara a la nueva altura. Esto ocasionó que sufrieran una enfermedad llamada soroche, que consiste en que los pulmones se llenan de agua debido a que el cuerpo no tuvo suficiente tiempo para adaptarse a la altura en cada uno de los campamentos. Los escaladores expertos saben que deben permanecer algunos días en cada campamento para que el nivel de oxígeno en la sangre se regule a niveles normales. Así sucede también en el emprendimiento. No podemos tomar atajos y querer hacer las cosas rápido. Emprender es una forma de vida y toma tiempo hacer los ajustes necesarios para adaptarse a este estilo de vida. También hay reglas que no se deben romper como el pago de impuestos, pago de seguros, etc., El no cumplir con tus obligaciones te costará muy caro y pondrá en riesgo tu proyecto. Lo importante es trazar la ruta y ser flexible al cambio, tómate el tiempo necesario que requiera cada etapa.

Estoy de acuerdo en que hay emprendedores que tienen éxito de inmediato y generan grandes ganancias en poco tiempo y está muy bien. Si este es tu caso pues recibe mis felicitaciones, de lo contrario, no fuerces el negocio y no tomes decisiones que pongan en riesgo la continuidad o la situación financiera. El emprendimiento no es una ruleta rusa donde vas apostando al rojo o al negro, tampoco se trata de cruzar los dedos y esperar a que las cosas sucedan. Sigue tu plan y mejóralo, pero no te saltes pasos.

# PLANIFICA TU EMPRENDIMIENTO

Prepara tu "Plan de Negocio" impreso debidamente elaborado, asegúrate de que sea a prueba de balas. Tenlo disponible y léelo algunas veces hasta que lo recuerdes con claridad. Define tu proyecto a nivel personal y a nivel empresarial. Define el objetivo, el alcance, a quienes beneficiarás con tu proyecto, que productos y servicios ofrecerás, quienes son tus clientes potenciales, tus políticas de calidad, de cobranza y qué márgenes de ganancia tendrás. Proyecta en el tiempo tus ventas, tus costos, tus gastos y tu utilidad, proyecta tu flujo de efectivo. El flujo de efectivo es la disponibilidad de dinero que tendrás en el tiempo. Es la sangre del negocio, sin flujo de dinero tendrás que cerrar la operación de tu negocio. Muchos emprendedores creen que el margen de ganancia es lo más importante, pero deben entender que el Rey en los negocios se llama "Liquidez", "Flujo de Caja", "Flujo de Efectivo", "Dinero en Mano", "Dinero en la cartera" o "Dinero en Efectivo". Los emprendedores novatos piensan que tener un margen de ganancia del 300% les garantizará la vida de su proyecto, pero es totalmente falso. Lo más importante es que negocies con tus clientes los términos de pago "DE CONTADO", o lo más cercano a esto. El problema de emprender en países como México es que las empresas utilizan a los emprendedores como bancos y quieren pagarles a 30 días o más sin pagar intereses. Esto quiere decir que el emprendedor paga por adelantado a los trabajadores, a los proveedores, al gobierno, también los gastos como rentas, autos, maquinarias, luz, etc. y después de 30 días recibe el pago por el producto o servicio vendido. No uses tarjetas de crédito, es la peor decisión que puedes tomar. Es otro enemigo silencioso, un cáncer que sin darte cuenta puede estar erosionando tus ingresos. Solo debes utilizar una tarjeta de crédito cuando ya tengas un negocio que opere con normalidad y se haya presentado un imprevisto atípico. Nunca lo uses para pagar la operación básica de tu negocio y si lo estás haciendo detente en este momento. Los empresarios exitosos sí usan tarjetas de crédito para financiarse por comodidad y por cuestiones personales, ajenas al negocio.

Ya que tienes estructurado tu plan de negocio, asegúrate de tener suficiente dinero en efectivo que te permita pagar la operación básica de tu operación al menos durante seis meses incluyendo tus gastos personales. Los emprendedores novatos generalmente no son candidatos para recibir préstamos bancarios por la falta de historial crediticio, lo cual está bien, ningún banco va a prestar dinero a un emprendedor sin historial crediticio porque la tasa de mortalidad de los proyectos de los emprendedores es muy alta. Te sugiero que no pidas préstamos bancarios para iniciar tus proyectos porque no conoces la operación de tu negocio y no tienes garantía de que tus prospectos se convertirán en tus clientes. Es triste ver a emprendedores que empiezan su negocio con mucho entusiasmo, pero le deben dinero al banco, y al pasar los meses y el negocio todavía no genera las ganancias para pagar los intereses y mucho menos el capital. Ahí es cuando todo se viene abajo y cierran sus negocios. Se terminan los sueños obligando a los emprendedores a buscar otro empleo para pagar la deuda al banco. Te recomiendo que empieces tu emprendimiento hasta que tengas seis meses de tu propio dinero disponible. No se te olvide, esos seis meses también deben cubrir tus gastos personales, de lo contrario también fracasarás. Recuerda que la principal causa de muerte de los negocios es por falta de dinero. Entiende, no pidas prestado al banco, ni a tu familia y mucho menos a un socio. Un emprendedor novato no debe asociarse con otras personas para obtener dinero porque no tiene la experiencia operando negocios y mucho menos rindiendo cuentas a socios. Un emprendedor puede acudir a socios cuando sus negocios ya son exitosos y van por buen rumbo. Los socios se consiguen para crecer los negocios exitosos, no para empezar de cero y mucho menos para solventar la operación básica del mismo. Si un negocio no genera ganancias para solventar su operación básica no es negocio. En ese caso reinvéntate con un producto o servicio nuevo y empieza otra vez, no tengas miedo. Toma decisiones rápido y haz un buen análisis para que no te gane la desesperación.

Lee con frecuencia la biblia empezando por los Proverbios, así tomarás decisiones sabias. Todo emprendedor debería leer la biblia para encontrar las respuestas a todas aquellas preguntas que pareciera que no la tienen.

Deja de usar tu reloj. Emprender no es una carrera contra el tiempo. En tu viaje debes determinar objetivos, metas y tiempos, pero estos aspectos tendrán cambios en el camino, porque cada día, situación, incluso cada cliente será diferente, por lo que aprenderás a ser flexible y a modificar tu ruta y tu plan constantemente. Muchas veces queremos que las cosas, el dinero y los resultados lleguen a nosotros de manera instantánea, pero la lampara de Aladino no existe y los héroes de capa roja tampoco. Los emprendedores somos personas comunes con limitaciones, pero con muchas ganas de prosperar. Te recomiendo que tengas muy claro tu objetivo por el cual estás emprendiendo, lo puedes leer con frecuencia para que se vuelva tu Norte a seguir como si fuera tu brújula. La brújula es un artículo que se ha usado durante muchos años por los navegantes, que cruzaban los mares y océanos, para orientarse. Es increíble que, sin tener referencia de tierra firme, los navegantes hayan podido llegar a sus destinos. A los capitanes de barcos antiguos no les importaba si había tormentas, o si el mar giraba sus barcos a otra dirección, o si el viento soplaba al lado contrario. Los capitanes tenían bien claro el Norte de su brújula y hacia allá es a donde se dirigían. De igual manera y en sentido figurado, el emprendedor debe tener bien claro cuál es el norte de su brújula, o bien su destino, y dirigirse hacia allá independientemente de lo complicado del trayecto. En estos casos el tiempo es solo una referencia que pasa a segundo término, lo que importa es que no pierdas rumbo y tarde o temprano llegarás a tu destino. Opera como las palomas mensajeras que no importando a cuantos kilómetros de distancia se encuentran de su destino, ellas saben hacia dónde dirigirse. Para eso es el plan de negocios.

Los emprendedores tienen el don de la persistencia o perseverancia. Hacen uso de este don todos los días. A los ojos de los demás pudiera parecer que son necios y tercos, pero él ve diferente a los demás, su esperanza va más allá de lo que pueden ver las personas que no son emprendedoras. El emprendedor visualiza su sueño todo el tiempo. Es difícil que una persona entienda la fuerza que mantiene perseverante al emprendedor. Las demás personas están satisfechas dependiendo de un salario y de un patrón que los coordina todo el tiempo. El emprendedor no funciona así, tiene implantado un software donde las condicionantes "IF" están canceladas porque para ellos todo es posible, van tumbando las paredes y superando los obstáculos que se presentan. No hay condicionantes que los detengan. Punto.

La esperanza es otro don típico del emprendedor y él sabe que la esperanza nunca muere. Es el poder de la fe, es creer sin haber visto, es tener la seguridad de que hay alguien más grande que nosotros mismos. Es saber que llegará a su destino sin haber estado antes ahí, ese lugar al que vamos es obra de nuestra imaginación, nadie ha estado ahí, pero sabemos que, ese lugar, nos está esperando. Hay destinos parecidos los cuales son fuente de inspiración, pero sabemos que nuestro punto de llegada será único y nuestro. Esa esperanza, esa forma de trascender, es la que nos inspira en las peores batallas. La esperanza, es esa luz al final del camino que con trabajo arduo y fe se irá haciendo realidad y será cada vez más intensa hasta que seas parte de ella. Sabrás que siempre fuiste la luz y lo único que necesitabas era soñar y trabajar para brillar. Serás la fuente de inspiración para otras personas, con tu ejemplo las verás trascender y brillar.

No todas las personas tienen fe y esperanza, no viven en la fe porque no creen en ella. Actúan solo cuando tienen la seguridad de que van a ganar, toman decisiones basándose en lo que pueden ver o tocar, son cuestionadoras y calculadoras, y sí, también tienen éxito. Su camino de emprendimiento es híbrido, todo se centra en ellos y lo consideran cuestión de números, no agradecen las bendiciones recibidas al igual que no agradecen a un ser divino por su despertar cada mañana. Es respetable pero la mayoría de las personas son más perceptibles a ver los milagros en las cosas simples y complejas de la vida.

# NADIE EMPRENDE SÓLO, DEFINE TU EQUIPO DE TRABAJO

Todos los líderes tienen su equipo de trabajo. El emprendedor se acompaña de personas con talentos diferentes a los de él, esto permite maximizar el intercambio de ideas impulsando el crecimiento de su empresa y las utilidades. Es imposible trascender estando sólo. Busca personas con talentos diferentes a los tuyos para enriquecer las ideas en tus proyectos. No busques personas que piensen como tú porque limitarás tu visión y no tendrás nuevas propuestas. El emprendedor se debe visualizar como el Director General que se encarga de definir el rumbo del negocio y cada integrante de su equipo será responsable de tomar sus propias iniciativas y decisiones para alcanzar los objetivos que le corresponde en la empresa. Jesús se acompañó de doce discípulos todos ellos con personalidades diferentes, algunos lo negaron, otros no creían sin ver y otro más lo traicionó, pero cada uno hizo su función tomando sus propias decisiones. Inicia tu negocio subcontratando los servicios de contabilidad, asesoría legal, reclutamiento de personal, administración de nómina y mercadotecnia. Así podrás dedicar todo el tiempo a la operación de tu negocio, a conseguir clientes que te generen dinero. Esfuérzate por mejorar los procesos que agregan valor a tus productos y servicios. Delega los procesos internos que no agregan valor al cliente y subcontrátalos con terceros. Mantén a tu equipo de trabajo lo más pequeño que puedas siempre y cuando sea capaz de llevar el negocio sin que tu tengas que estar metido todo el tiempo en la operación. Los empleados tienen la obligación de aprender habilidades nuevas conforme el negocio va creciendo. Irás contratando personas con mejor perfil y más experiencia. Tendrás que tomar decisiones y reemplazar a las personas que no hayan desarrollado las nuevas habilidades que tu negocio va requiriendo con el paso del tiempo.

Hay emprendedores que contratan a personas que cobran barato, pero no cumplen con el perfil de puestos requerido para una función. Por más ganas que tengan de trabajar no darán buenos resultados, emprender no es un ganómetro. Caso contrario, serán personas con mucha iniciativa y sin la más mínima idea de lo que tienen que hacer, irán chocando y estropeando lo que se encuentren en su camino, tomarán iniciativas que pueden afectar al negocio.

En la vida hay personas con dones y habilidades diferentes, así como en la naturaleza encontramos aves con diferentes habilidades. Para facilitar el aprendizaje comparemos a las águilas y a los patos. Las águilas son grandes y fuertes, viven en las alturas, tienen unas garras enormes y un pico grande y fuerte, capaz de desollar a cualquier animal. Además, tienen una vista muy aguda y sensible que les permite identificar a su presa a kilómetros de distancia. Pueden planear a gran altura para seleccionar al mejor animal y cazarlo bajando en picada a una velocidad increíble tomando a su presa con una precisión milimétrica. Las águilas son feroces cazadores. En el caso de los patos, son excelentes nadadores, pueden flotar en el agua con elegancia. Trabajan en equipo con los demás miembros de su parvada. Los patos pueden volar miles de kilómetros de distancia y tienen la capacidad de identificar y respetar a un líder. Cuando emprenden su vuelo lo hacen todos juntos en posición piramidal para romper en grupo la fricción del aire. Definen al líder que va al frente del grupo por ser el más fuerte y conforme avanzan se intercambian de posición para que los patos más descansados tomen la punta sin romper el orden y la formación. Cuando uno de los patos cae, hay miembros de la parvada que lo auxilian. Viendo esta comparación, ¿a quién elegirías para tu empresa? ¿A las águilas o a los patos? La respuesta correcta es que todo depende para que perfiles de puestos requieres a las personas. Los emprendedores deben analizar en 360° a las personas, es decir su lado positivo, pero también su lado negativo. Por ejemplo, las desventajas de las águilas es que son solitarias y no trabajan en equipo, no viajan largas distancias y tampoco flotan y mucho menos son buenas nadadoras. Incluso enseñan a sus crías aventándolas del nido para que aprendan a volar, aunque se lastimen, son aves con pocas muestras de aprecio y usan la fuerza para lograr sus objetivos. En el caso de los patos sus desventajas es que son lentos, no tienen la posibilidad de comer otros mamíferos, no planean a grandes alturas para revisar a detalle su área. Cuidan todo el tiempo de sus crías y pueden dejar de avanzar por esperarlas. Son fáciles de distraer y su instinto maternal hace que se encariñen demasiado.

El emprendedor novato busca personas con perfil de águila cuando en realidad son patos, y viceversa. El problema que cuando empieza su primera empresa no tiene suficiente dinero y pretende que una persona de bajo perfil tenga todas las habilidades. Ahora la siguiente pregunta, ¿El emprendedor debe ser un águila o un pato? la respuesta correcta es que debe ser ambos. Una de las características del emprendedor es que es adaptable como el agua. Debe tener la capacidad de coordinar tanto a las águilas como a los patos, y actuar como cualquiera de ellos según le convenga en cada situación. El emprendedor se vuelve un camaleón que se adapta a cada escenario en el que se encuentra y cambia lo necesario para adaptarse corriendo el menor peligro posible, buscando mayores ganancias.

Bajo esta premisa, define qué personas irán contigo, nadie lo logra sólo, los negocios son exitosos y se disfrutan cuando lo haces en compañía de personas a las que les tienes respeto y confianza. No malgastes tu energía en personas que no cambiarán. No existen los empleados perfectos, y prepárese porque no todos son leales, recuerde que Jesús tuvo dentro de su equipo a un traidor.

Una vez que los negocios se van consolidando, la familia y el emprendedor se van separando de los cargos operativos hasta llegar a ser parte solo de la Junta de Consejo para monitorear los resultados y el futuro del negocio. Mi recomendación es que el emprendedor sea el dueño del 100% de las acciones de la empresa y que los demás colaboradores apoyen su proyecto de manera subordinada a él. No recomiendo la contratación de amigos de la infancia, porque como ya lo mencioné, nadie es profeta en su tierra, y generalmente los amigos quieren que te vaya bien pero nunca mejor que a ellos. Los amigos y familiares pueden convertirse en parásitos de tu negocio beneficiándose del sistema y de tu parentesco. Pudieran no buscar legítimamente apoyar el crecimiento y la rentabilidad de tu empresa. Es importante que te asesores y establezcas apropiadamente el alcance de las relaciones laborales con tus subordinados y lo tengas por escrito. Todos los contratos deberán estar debidamente redactados, firmados y con la huella dactilar plasmada con tinta.

Empieza tu proyecto siendo el dueño del cien por ciento de la empresa y así hazlo todo el tiempo. Cuando crezca lo suficiente podrás compartir acciones con algunos miembros de tu empresa sin que tengan derecho a cambiar el rumbo hacia donde la diriges.

# APRENDE A DELEGAR

Otro error que cometen los emprendedores es que desde la planificación de la empresa se visualizan operando y administrando el negocio. Es común encontrar emprendedores frustrados y desesperados porque no tienen suficiente tiempo para completar todos los pendientes de la empresa. Son detallistas y quieren llevar a cabo todas las actividades por sí mismos. Piensan que no hay nadie más que haga su trabajo como ellos mismos, pero están muy equivocados. La solución a esto es aprender a delegar. Empieza identificando las actividades que te quitan más tiempo y capacita personas para delegarles estas responsabilidades. No tengas miedo, te sorprenderás de lo bien que lo harán tus empleados. El emprendedor está saturado de información, de trabajo físico y está cansado. Empieza a delegar y todo irá tomando forma y estructura dentro de tu empresa. Mientras más delegas más te puedes enfocar en aquellas actividades que te generan más dinero. Ajusta la cantidad de personal al presupuesto de mano de obra que determinaste en el Estado de Pérdidas y Ganancias. Usa todo tu presupuesto y libérate por completo de la operación y conforme pase el tiempo, ve capacitando a tu personal y reemplazando a aquellas personas que no tienen interés de ir mejorando su desempeño en el tiempo. El emprendedor es la persona creativa en la empresa capaz de encontrar oportunidades nuevas de negocio que le permitan crecer, enfócate en ello. Una vez que lo hagas tendrás más libertad y tranquilidad. No lo olvides, delega, delega, delega….

# HAZ ALIANZAS CON FAMILIARES Y AMIGOS

La mejor forma de apoyar a tus familiares y amigos no es dándoles empleo, es creando alianzas estratégicas con ellos para que sean tus proveedores de productos y servicios fomentando el crecimiento de los que te rodean.

De esta forma irás impactando positivamente e impulsando su crecimiento promoviendo la generación de nuevos emprendedores en tu círculo cercano. Apóyalos como a ti te hubiera gustado que te apoyaran, y puedan multiplicarlo en beneficio de sus familias y de la sociedad. Este sería el mejor premio que pudieras recibir como emprendedor, ver a tus seres queridos realizados personal y profesionalmente.

# CONSIGUE UN COACH O MENTOR DE NEGOCIOS

Busca asesoría de mentores o coaches de negocios que te puedan orientar antes de iniciar tu negocio. Realiza un benchmarking con aquellas empresas y personas que tienen un negocio similar al que quieres emprender. Revisa con atención los detalles, escribe toda la información valiosa como el nombre de los proveedores que le surten y llámales para que te compartan ideas, compara su plantilla laboral, entiende los sueldos que pagan y a cuánto asciende su nómina mensual, qué clientes tienen y a cuánto ascienden sus ventas mensuales, que servicios y productos son los que venden y a qué precios, investiga su infraestructura y compara estos aspectos con tu proyecto.

Una vez que tengas toda la información consolidada haz los ajustes necesarios para que puedas operar tu negocio lo más cercano a tu competencia, pero mucho más esbelto que ellos porque al inicio no tendrás los mismos ingresos. El departamento que deberás reforzar es el de ventas ya que es el área responsable de llenar tus bolsillos de dinero. Uno de los errores más comunes en los emprendedores es que se enfocan principalmente en el área de producción, para que el producto sea de calidad y pueda ser producido a bajo costo en un tiempo de ciclo razonable, sin embargo, no tienen un área de ventas que lo venda a gran escala. No hay clientes dispuestos a comprar tu producto por carecer de experiencia en el mercado y quizás no agregarás más valor. Tu producto deberá ofrecer más valor a los clientes que tu competencia. No vendas el mismo producto con el mismo valor porque no serás atractivo en el mercado. Busca diferenciarte agregando valor incluso más allá de lo que requiere tu cliente. El cliente te volteará a ver si tu producto o servicio ofrece más beneficios a un costo menor al que ya están comprando. Escucha a tus clientes, sé flexible y dales lo que quieren a un precio que te genere suficiente utilidad.

Hace algunos años, en la industria de las computadoras, los clientes tenían que comprar las computadoras genéricas que ofrecían las ensambladoras porque tenían el control absoluto de sus líneas de producción. Hoy en día es muy diferente porque los clientes pueden comprar sus computadoras con las especificaciones exactas a las que requieren haciendo sus pedidos en línea y con tiempo de entrega muy cortos. Lo mismo sucedió en la industria automotriz. El cliente es cada vez más demandante y quiere mejor calidad con tiempos de entrega inmediatos a un menor costo. Los emprendedores soberbios que forzosamente quieren vender lo que ellos quieren ya no caben en esta nueva economía. Los márgenes de utilidad son más castigados. Las ventas son a gran escala para disminuir los costos de los insumos y las materias primas. La contratación de personas es cada vez menor gracias a la automatización de los procesos en todas las industrias. El uso de máquinas inteligentes y robots es más frecuente, la cantidad de personas trabajando en las empresas es menor y reciben salarios con menor poder adquisitivo. Los robots toman los puestos de los trabajadores en panificadoras, industria automotriz, agronomía, aeroespacial, maquinaria y equipo, etc.

# DEFINE TU PRESUPUESTO

El presupuesto es tu proyección a futuro de las ventas, costos de materia prima, gastos y utilidades. El documento que utilizarás se llama "Estado de Pérdidas y Ganancias" y es muy sencillo de usarlo. En la tabla No.1 te muestro un ejemplo para que lo utilices en una hoja de cálculo muy sencilla en Excel.

## Estado de Perdidas y Ganancias

| Proceso | Enero |
|---|---|
| VENTA PRODUCTO 1 | $ 235,142.57 |
| VENTA PRODUCTO 2 | $ 460.00 |
| **Venta total** | **$ 235,602.57** |
| **COSTO DE VENTAS** | **$ 70,388.11** |
| **UTILIDAD BRUTA** | **$ 165,214.46** |
| Margen | 70.1% |
| Mano de Obra | $ 57,101.86 |
| Insumos de Operación | $ 3,252.30 |
| Gasto Fijo | $ 60,354.16 |
| **Gasto de Operación** | **$ 3,200.00** |
| **EBITDA (Utilidad antes de impuestos)** | **$ 101,660.30** |
| Margen | 43.1% |

Tabla No.1

El Estado de Pérdidas y Ganancias tiene como objetivo mostrar los conceptos financieros que nos dan como resultado la ganancia o pérdida obtenida en un periodo determinado. El primer concepto que usarás es el de VENTAS que corresponde la sumatoria de todas las ventas obtenidas en el negocio de todos los productos y servicios vendidos. En este concepto también van incluidas las ventas que ya hiciste y que aún no has cobrado. Puedes desglosar el detalle o usar la sumatoria de todos ellos como se muestra en el ejemplo. El segundo concepto es el de COSTO DE MATERIAS PRIMAS el cual también se llama Costo de Ventas. Este concepto es la sumatoria de lo que pagaste de materia prima para producir todos tus productos. El tercer concepto es la UTILIDAD BRUTA que es la diferencia de restar a las ventas el monto gastado de las materias primas. Nos indica el MARGEN DE UTILIDAD que obtenemos al vender un producto quitándole el costo de lo que pagamos de materias primas para producirlo.

El siguiente concepto es el de MANO DE OBRA que corresponde a la sumatoria de todo lo que se paga por el personal que participa en la empresa. Incluye tu sueldo y el de las personas que producen los productos (Mano de Obra Directa) y también las personas que supervisan, inspeccionan y administran la empresa (Mano de Obra Indirecta). En el concepto de MANO de OBRA se deben incluir tiempos extras, uniformes, prestaciones, pagos de seguridad social, finiquitos, análisis médicos por reclutamiento, etc. El siguiente concepto es el de INSUMOS DE OPERACIÓN que incluye la sumatoria de las partidas de empaques, utensilios, trapos, etc. entre otros que son necesarios para la producción de los productos. El siguiente concepto es el de GASTOS FIJOS que es la sumatoria de todos los gastos que se realizan en el negocio independientemente haya ventas o no las haya, por ejemplo, renta del edificio, luz, agua, gas, teléfonos, arrendamiento de maquinaria y automóviles, seguros del edificio, etc. El siguiente concepto es el de GASTOS DE OPERACIÓN que corresponde a la sumatoria de todos aquellos gastos que se requieren efectuar para que la empresa pueda operar, como gastos de mantenimiento de equipos, de edificios, de vehículos, consumo de combustibles, papelería, publicidad, etc. El último concepto es el de EBITDA o UTILIDAD ANTES DE IMPUESTOS, este concepto es el más importante de los indicadores financieros de un negocio. Es la resultante de todo el trabajo que está desempeñando la empresa. Es la operación de restar a la Utilidad Bruta menos los costos de mano de obra, los insumos de operación, los gastos fijos y los gastos de operación. Es el dinero que el negocio obtiene de ganancia o pérdida como resultado de la venta y la producción de sus productos y servicios. Es la razón de ser de un negocio. El objetivo es que el margen de ventas sea positivo para que el negocio tenga ganancias y crezca reinvirtiendo en tecnología, investigación y desarrollo y para repartir ganancias al emprendedor y a los trabajadores. En caso de tener Utilidad negativa quiere decir que la empresa está perdiendo dinero y que está en problemas financieros.

Asegúrate de que tu margen de utilidad sea alto, pon especial atención para que las ventas se cobren preferentemente de contado o lo más cercano a esto, de lo contrario tendrá números positivos en el Estado de Pérdidas y Ganancias, pero tendrás cuentas pendientes por cobrar lo cual es un riesgo muy alto. Podrías quedarte sin liquidez y no solventarás la operación de tu empresa. Fíjate en el esquema No.1 donde te muestro el flujo del dinero en ventas a crédito:

## RUTA DEL DINERO CON VENTAS A CRÉDITO

**Ahorros del Emprendedor**

Pagas la mano de obra, materia prima, fijos, seguridad social, etc.　　(-)

Vendiste a crédito　　　　　No hay ingresos

Pagas la mano de obra, materia prima, fijos, seguridad social, etc.　　(-)

Vendiste a crédito　　　　　No hay ingresos

Pagas la mano de obra, materia prima, fijos, seguridad social, etc.　　(-)

**QUIEBRA DEL NEGOCIO**
Esquema No.1

Es importante que tus ventas las realices de contado y el pago a tus proveedores lo extiendas un poco para mantener dinero disponible, te ayudará si tus clientes se retrasan en el pago de algunas facturas, o por si hay gastos imprevistos. Ahora revisa el esquema No.2 donde te muestro el flujo del dinero en ventas de contado:

## RUTA DEL DINERO CON VENTAS DE CONTADO

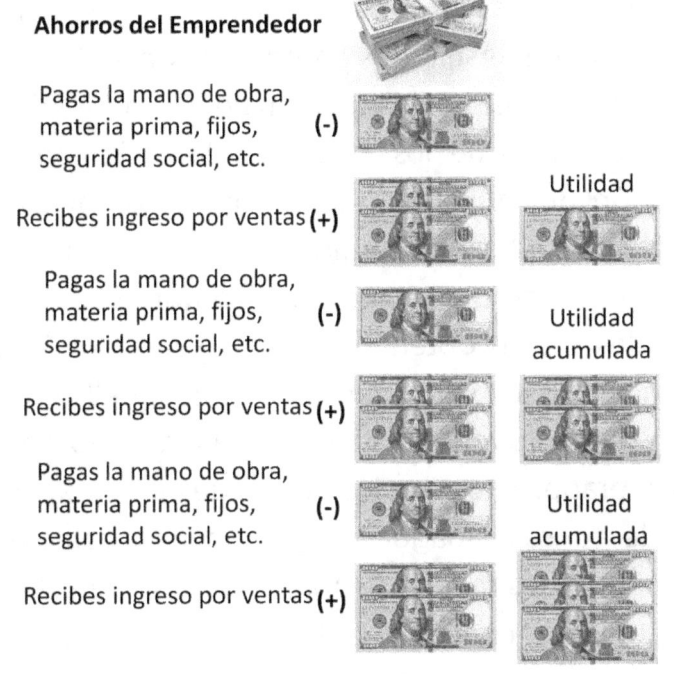

Esquema No.2

Asegura tener tu dinero disponible para cualquier eventualidad. Una vez que hayas entendido cuánta utilidad va a generar tu empresa, proyecta en el tiempo el primer año y define a cuanto deben oscilar todos los conceptos para que vayas revisando los resultados mes a mes y compares contra los planes. Realiza los ajustes necesarios antes de que haya riesgos por falta de liquidez.

**Gastos personales.**

Una vez que hayas presupuestado las ganancias en el Estado de Resultados agrega un concepto más donde restes tus gastos personales a la utilidad. Es muy común que los emprendedores hagan su proyección de utilidad positiva para su empresa y en base a ello deciden renunciar a su empleo para emprender su empresa, pero olvidan que sus gastos personales deben obtenerse también de la utilidad del negocio. Tus gastos personales son aquellos que realizas para mantener tu calidad de vida como estás acostumbrado. Estos son los gastos de alimentación, renta de tu casa, pago de automóviles, colegios, seguro de gastos médicos, ropa, vacaciones, etc. Una vez incluido ese concepto en tu Estado de Pérdidas y Ganancias se verá como se muestra en la tabla No.2:

## Estado de Perdidas y Ganancias

| Proceso | Enero |
|---|---|
| VENTA PRODUCTO 1 | $ 235,142.57 |
| VENTA PRODUCTO 2 | $ 460.00 |
| **Venta total** | **$ 235,602.57** |
| **COSTO DE VENTAS** | **$ 70,388.11** |
| **UTILIDAD BRUTA** | **$ 165,214.46** |
| Margen | 70.1% |
| Mano de Obra | $ 57,101.86 |
| Insumos de Operación | $ 3,252.30 |
| Gasto Fijo | $ 60,354.16 |
| **Gasto de Operación** | **$ 3,200.00** |
| **EBITDA (Utilidad antes de impuestos)** | **$ 101,660.30** |
| Margen | 43.1% |
| Gastos personales | $ 70,000.00 |
| Utilidad para reinvertir en el negocio | $ 31,660.30 |
| | **13.4%** |

Tabla No.2

Esta utilidad es el FLUJO DE EFECTIVO excedente para tu negocio, siempre y cuando, tus ventas hayan sido pagadas de contado, de lo contrario haz la proyección y cambia los términos de pago para que no te veas afectado por falta de dinero en efectivo.

**Mateo 3:12 Porque a cualquiera que tiene, se le dará más, y tendrá en abundancia; pero a cualquiera que no tiene, aun lo que tiene se le quitará.**

El emprendedor deberá ser cuidadoso con su patrimonio incrementándolo eficientemente obteniendo ganancias y evitando pérdidas, de lo contrario tendrá que hacer los cambios necesarios para revertir esa situación, o el negocio no crecerá, y negocio que no crece es un negocio que muere. En todo caso hay que pedir sabiduría para tomar mejores decisiones de lo contrario perderemos el proyecto y será dado a otro emprendedor que tenga diez veces más utilidad.

La razón por la que los emprendedores cierran sus negocios es porque se terminan sus ahorros. Por favor entiende, sin ahorros no hay negocio. Sin ahorros tus sueños desaparecen y se convertirán en pesadillas. No importa si tu idea de negocio es maravillosa, sin dinero no podrás lograrlo. Para asegurar la operación es necesario que antes de empezar el negocio, el emprendedor tenga el suficiente dinero para sostener los gastos fijos y sus gastos personales por seis meses. De esta manera asegurará que durante ese tiempo podrá operar el negocio en caso de que no haya ingresos por ventas. Así te dedicarás a conseguir clientes y una vez que los tengas, contratas al personal necesario para que produzca los bienes y servicios. Las actividades que no generan valor dentro de su empresa como contadores, diseñadores, recursos humanos, etc., los puedes subcontratar para hacer más eficiente tu operación. Mantén los costos de mano de obra lo más bajo posible.

**Juan 15:2 "Todo el que da fruto, lo poda para que dé más fruto"**

Revisa periódicamente la posibilidad de hacer más pequeño el equipo de trabajo, capacita a tu personal, y si no mejora, contrata nuevos integrantes que aporten ideas frescas e innovadoras, así obtendrás mejores resultados.

Es importante determinar los porcentajes que forman la venta de un producto para facilitar su administración. De cada venta que realices debes quebrar el ingreso en diferentes conceptos para que puedas administrarte con facilidad. Si a cada venta de $1,000 cobras el 16% de IVA (Impuesto al Valor Agregado) entonces tu ingreso lo puedes quebrar de la siguiente manera:

Venta total: $1,160

Y separa ese ingreso según tus costos como te muestro en la tabla No.3:

| CONCEPTO | % | Monto |
|---|---|---|
| IMPUESTOS | 16% | $ 160.00 |
| UTILIDAD | 15% | $ 150.00 |
| MANO DE OBRA | 25% | $ 250.00 |
| MATERIA PRIMA | 35% | $ 350.00 |
| GASTOS FIJOS | 15% | $ 150.00 |
| OBLIGACIONES PATRONALES | 10% | $ 100.00 |
|  |  | $ 1,160.00 |

Tabla No.3

Dependiendo tu negocio, modifica los porcentajes a tu situación real.

Esta forma de estructurar los ingresos te permitirá tener una visión clara del dinero que está entrando a tu empresa para que no lo gastes en compras personales, ya que los emprendedores piensan que el dinero que entra a su cuenta es de ellos y no es así, es de su negocio.

Comúnmente los emprendedores solo tienen una cuenta bancaria para realizar todos los movimientos de dinero en su empresa. La usan para recibir el ingreso por las ventas, para realizar los pagos a proveedores, servicios y para pagar a su personal. Esta es la peor forma de administrarse, ver el Esquema No.3.

Lo que debes hacer es tener al menos seis cuentas bancarias las cuales identificarás como se muestra en la tabla No.4:

| CONCEPTO | % | Monto | No. De Cuenta |
|---|---|---|---|
| IMPUESTOS | 16% | $ 160.00 | 2 |
| UTILIDAD | 15% | $ 150.00 | 3 |
| MANO DE OBRA | 25% | $ 250.00 | 4 |
| MATERIA PRIMA | 35% | $ 350.00 | 5 |
| GASTOS FIJOS | 15% | $ 150.00 | 1 |
| OBLIGACIONES PATRONALES | 10% | $ 100.00 | 6 |
| | | $ 1,160.00 | |

Tabla No.4

Con este esquema de cuentas tendrás control absoluto de tus finanzas, y si lo haces como a continuación te explicaré no tendrás problemas financieros y tomarás decisiones rápidamente. Notarás cuando tengas que bajar personal, o comprar materias primas más baratas, o ajustar tu margen de ganancia, etc.

Si recibes un pago de un cliente en tu cuenta bancaria número 1 por $1,160 lo primero que harás es hacer una transferencia de los impuestos a la cuenta No. 2 ya que ese dinero no es tuyo, es del gobierno, y por ningún motivo lo puedes considerar parte de tu ganancia. Después de separar los impuestos, el segundo paso es que te pagues a ti primero, no me refiero a que te pagues tu sueldo, quiero decir que debes asegurar la utilidad del negocio, ya que tu sueldo debe ir considerado en la cuenta de Mano de Obra. Entonces rápidamente y sin pensarlo, transfiere los fondos a tu segunda cuenta que es la de Utilidad del negocio. El tercer paso es transferir a tu cuenta de Mano de Obra el porcentaje asignado de sueldos y salarios incluyendo el tuyo. El cuarto paso es transferir los fondos asignados a la cuenta de materia prima y siguiendo el quinto paso es transferir los fondos presupuestados a la cuenta de aportaciones patronales (seguridad social, fondo para el retiro, etc.). En la cuenta No. 1 debe quedarse el dinero que corresponde a los gastos fijos como arrendamientos u otros conceptos que se han domiciliado automáticamente a tu cuenta mes a mes.

Ahora, en el Esquema No.4 podrás ver la diferencia:

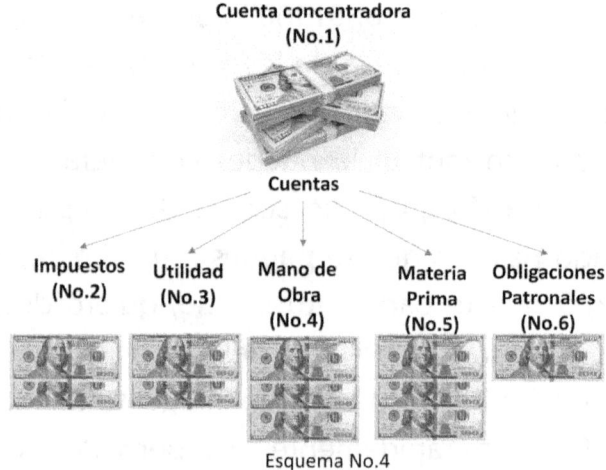

**NUEVA FORMA DE ADMINISTRARTE CON SEIS CUENTAS**
Recibes el dinero en la cuenta concentradora y transfieres por porcentajes predeterminados a las demás cuentas. Así sabrás en realidad en qué debes gastar el dinero para asegurar la óptima operación de tu negocio.

**Cuenta concentradora (No.1)**

**Cuentas**

Impuestos (No.2)  Utilidad (No.3)  Mano de Obra (No.4)  Materia Prima (No.5)  Obligaciones Patronales (No.6)

Esquema No.4

En caso de que llegue el momento en que no alcances a depositar a alguna cuenta el dinero necesario para cubrir un concepto de gastos, quiere decir que tu estructura de costos está mal definida y que tienes que corregirla, o bien, estás gastando más en otro concepto. Por ejemplo, si la cantidad de dinero que transfieres para la cuenta de mano de obra no es suficiente para pagar las nóminas, entonces tendrás que tomar el dinero de otra cuenta, pero eso no es lo que estamos buscando. Lo mismo puede pasar en el caso de que no alcances a pagar la materia prima con las transferencias que realizaste, deberás bajar el costo de las materias primas, reducir desperdicios o conseguir otro tipo de materiales o proveedores. Lo importante es que irás midiendo cada uno de los conceptos para tomar decisiones ajustando el sistema de porcentajes en tu presupuesto. Sugiero que el primer concepto a presupuestar sea el de la utilidad, y a partir de ahí establece el resto de los otros conceptos. Ya tendrás tu presupuesto de utilidad, sólo trabaja en los otros cuatro conceptos y ajústalos a la realidad. El porcentaje de impuestos ya lo tiene definido el gobierno.

Podemos encontrar en el mercado productos y servicios similares a los que vas a ofrecer y quizás tengas muchas preguntas sobre como establecer tu sistema de porcentajes para ser competitivo en el mercado. Sugiero que no te preocupes por eso, define tu sistema de costeo en base a tu experiencia, porque si quieres tener la misma estructura de costos que tu competencia no te servirá ya que tus competidores pueden ser más grandes y eficientes, y pueden estar comprando sus materias primas más baratas. Por lo tanto, no pierdas tiempo queriendo encontrar el hilo negro, define tu propia estructura de costos usando tu sentido común y cotizando lo que sea necesario.

**NO HAY FORMULA MAGICA QUE ASEGURE EL ÉXITO DE TU NEGOCIO.** Sólo encárgate de llevar correctamente tu Estado de Pérdidas y Ganancias y cobra tus ventas de contado para que no te falte dinero en efectivo. Mide tus porcentajes y sé rápido en hacer los ajustes hasta que obtengas suficiente utilidad positiva para pagar tus gastos personales y para reinvertir en el negocio. Los números deben ser reales, dedícate a ganar dinero, no sólo a sobrevivir, gana mucho dinero. Existen los emprendedores mediocres que se conforman porque su empresa sobrevive en el tiempo, y se felicitan porque llevan más de un año y no han quebrado, no lo permita. Debes ganar dinero todos los días y debes incrementar tu porcentaje de ganancias con el tiempo. Reinvéntate y busca nuevos clientes que te generen ingresos de diferentes fuentes.

# NO HAY VUELTA ATRÁS

¿Por qué Hernán Cortés quemó sus barcos? Se cuenta una historia de que cuándo este personaje llegó a América se topó con la negativa de sus soldados para pelear contra los indios que habitaban en la zona del desembarco. Los soldados no querían arriesgar sus vidas porque los indios eran salvajes, eran muchos y conocían perfectamente su hábitat, por lo que estaban retrocediendo para subirse a sus naves y huir mar adentro. Se dice que Hernán Cortés dio la orden de quemar los barcos para que los soldados no tuvieran otra opción más que la de luchar por su propia vida o morir en el intento. Esta estrategia obligó a los soldados a vencer sus miedos y a pelear por su vida y su libertad. Finalmente triunfaron en esa batalla.

De igual manera emprender es un viaje sin retorno lleno de riesgos y complicaciones, hace claudicar a muchos para que decidan regresar a sus antiguos empleos donde no hay que esforzarse tanto, donde los horarios y las responsabilidades son limitadas. Por supuesto, emprender no es una carnicería como lo fue colonizar América, sin embargo, la tasa de muerte de empresas nuevas es muy alta por lo que se sugiere que antes de emprender se debe estar totalmente convencido. Se facilita el proceso cuando se entiende que emprender es una forma de vida. Sólo se hacen los ajustes necesarios para obtener mejores resultados. Es un proceso constante de prueba y error, con práctica los aciertos van incrementando y los errores van disminuyendo. Es un proceso personal de resiliencia ante las dificultades que se presentan. Se requiere actitud, fe y sacrificio como lo hizo David con Goliat. Es indispensable tener un motivo que te haga mover, ese motivo tiene que ser más grande que el mismo emprendedor, para que no se rinda cuando todo pareciera haber terminado. Ese motivo es la fuerza que hace dar lo inimaginable para mantener con vida la empresa, como lo hace un padre con su hijo. Es morirse en la raya, y al día siguiente ver el milagro de un nuevo amanecer, y seguir luchando en la raya. Es ejercitar la fuerza de la voluntad constantemente a pesar de que todo vaya en su contra. Así cuando todo parece haberse perdido, los milagros empiezan a aparecer y los respiros llegan como bocanadas al pecho, como lo hace el náufrago llegando a tierra firme. Un milagro llega, una llamada de un cliente, otro milagro aparece con otro cliente, y así sucesivamente, el semblante va cambiando y la autoestima mejora considerablemente, y empiezas a brillar. Eres un ejemplo de constancia. La fe y el trabajo son el motor, son tus dones. Empiezas a multiplicar tus ganancias, todo tu esfuerzo y sacrificio ha valido la pena.

Nunca serás otra vez el mismo, tus esfuerzos y tu ejemplo lo verán tus hijos, aprenderán de tu camino, lo mejorarán cuando se presente la oportunidad para ellos. Dominarán los miedos como los hijos de los capitanes dominan el mar. Esa seguridad hará que ellos empiecen sus proyectos a menor edad de que lo hiciste tú y habrás iniciado una familia de emprendedores gracias a que venciste tus miedos.

# VISUALÍZATE EXITOSO

Imagínate a ti mismo exitoso, ganando nuevos proyectos, obteniendo grandes sumas de dinero, viviendo con libertad y tranquilidad. Define que es éxito para ti y ve por él. No seas tan duro contigo mismo y disfruta los pequeños éxitos que vayas obteniendo. No esperes hasta que hayas ganado millones de pesos. Acostumbra a tu cerebro a festejar los logros pequeños, medianos y grandes. Involucra a tu equipo de trabajo para que ellos también se motiven y reciban reconocimiento frecuentemente. El dinero no es lo único que importa. Ya estás en una posición económica mejor de la que tenías cuando eras empleado, has un alto en el camino y festéjalo. Nos han vendido la idea de que no podemos ser felices hasta que seamos millonarios y eso está equivocado. Puedes tener mucho dinero y ser infeliz, no caigas en la falsa mercadotecnia de gurús baratos que venden el éxito ligado solo al dinero. Disfruta tus resultados, disfruta tu libertad, tus logros, a tus seres queridos. Haz deporte y ve a reuniones con tus amigos. Haz viajes según tus posibilidades, visita el mar y el campo, eso es felicidad, el dinero va y viene, lo mismo sucede con los clientes. Los productos son de temporada, las tecnologías cambian, los emprendedores también cambian de empresas y proyectos, todo es cambiante y el cambio es constante. Adáptate al cambio y se feliz en el camino. Así es como funciona el sistema. Apresúrate a disfrutar tus logros, delega lo necesario para que tu negocio opere sin ti y vive tus sueños porque cuando menos te lo esperes te darás cuenta de que has envejecido y quizás ya no tengas tiempo de disfrutar todo lo que has ganado.

# SORPRESA, ESTE ES UN VIAJE SIN FINAL

Después de que hayas hecho tu trabajo tendrás la libertad que tanto buscaste, habrás realizado tus viajes pendientes y disfrutado a tu familia. Tu negocio ya opera sin ti y te dedicas solo a revisar avances, pendientes y a aclarar dudas a tu equipo de trabajo. Entonces llega otra vez ese vacío en el estómago, ese sentimiento de que aún puedes dar más, pero sabes que ya no eres necesario en tu empresa, ¿Qué hacer?, pues sí, vas a empezar otro emprendimiento porque es lo que sabes hacer, pero ahora tienes la experiencia que vale más que el oro. Si tu primer emprendimiento te tomó diez años hacerlo exitoso pues ahora te tomará solo dos o tres años hacer exitoso otro negocio. Ya no tendrás miedos ni prejuicios. Ahora ya sabes que los héroes de capa roja no existen, todo es posible si lo planeas apropiadamente y lo ejecutas con perseverancia y trabajo. Puedes apalancarte de los empleados que ya tienes o bien puedes contratar personal para la segunda empresa, pero seguramente lo harás mejor y más rápido que cuando empezaste tu primer emprendimiento. Ya no iniciarás tu segunda empresa operándola como lo hacías anteriormente. Será más fácil y sin estrés porque ya tienes la primera empresa que te paga tu sueldo, aunque no le dediques tiempo. El dinero para mantener a tu familia ya no será un problema. Tu segunda empresa puede ser del mismo rubro que la primera porque ya conoces el mercado, sin embargo, puedes darte el lujo de empezar tu segunda empresa en un mercado que ni siquiera conoces porque contratarás empleados que son expertos en ese nicho específico. Te sorprenderás, todo será más fácil, emprender ya es tu forma de vida, ya lo haces con naturalidad. Ahora tienes la facilidad de exigir a cada empleado resultados específicos y obtienes lo mejor de cada uno de ellos. Eres más frío para detectar a las personas que no cumplen con el perfil requerido en cada puesto, y sin pensar lo cambias a donde debe estar o lo reemplazas por quien si cubra los requisitos. No te interesa hacer perder el tiempo de empleados que pueden ser más felices y eficientes en otro lugar. Mientras menos necesidad de dinero tengas mejores decisiones tomarás. Dejarás de regalar tu trabajo a tus clientes cobrando lo apropiado por cada producto o servicio vendido. Podrás negociar mejores precios de compra y venta porque ahora tienes dinero en tu cuenta de utilidad. Serás candidato de préstamos cuando lo requieras porque los bancos le prestan dinero al que tiene dinero, nunca le prestan al que no tiene. Los bancos funcionan similar a la parábola de los talentos. Al que multiplica el dinero le prestan y al que no multiplica no le prestan.

Conforme pasa el tiempo tu círculo de amigos ya cambió siendo muchos de ellos empresarios con los que compartes tus experiencias de negocios, los enriqueces y ellos hacen lo mismo contigo. Existe una lluvia de ideas constante que los hace mejorar como empresarios. Ahora tienes la confianza de llamar a alguien que tendrá respuestas más atinadas a tus preguntas. Ahora todo es más fácil. Así es como un emprendedor nunca deja de emprender, siempre está ideando cosas nuevas y afinando sus sentidos para tomar las oportunidades que se presentan en su camino para ganar dinero. El emprendimiento se vuelve un viaje sin final. Con la experiencia disfrutan ayudar a los demás, incluso se preparan para ser mentores o coaches de negocios. Brillan y hacen brillar a otros.

Hago énfasis en los emprendedores que tienen más de una empresa porque ningún emprendedor exitoso tiene una sola empresa. El secreto está en diversificar los ingresos, a diferencia de los empleados que solo tienen un empleo y cuando lo pierden todo se viene abajo, su sistema se colapsa. Históricamente las economías de todos los países tienen fluctuaciones y crisis económicas. Todos los días se pierde y se gana dinero. Aquí el punto es ganar la mayor cantidad de dinero en el menor tiempo posible y perder la menor cantidad de dinero en el mayor tiempo posible. Al igual que siempre, las crisis no solo son económicas, también son de salud, como lo acaba de pasar con el COVID-19.

En cada crisis hay sectores que se ven afectados y hay sectores que se ven beneficiados. Incluso sin haber crisis los avances en la tecnología también afectan positiva y negativamente los sectores de la economía. En este ejemplo del COVID-19 los sectores de la construcción, turismo, educación, automotriz y de restaurantes se vieron completamente afectados. También hubo otros sectores que se vieron fuertemente beneficiados como lo fue la industria médica, la de seguridad, la de tecnología, la de ocio digital, la de plataformas digitales y de video entre otras. Así que no hay nada seguro para nadie por lo que es necesario diversificar los ingresos en diferentes industrias para disminuir el impacto de las crisis en tu bolsillo. En caso de que tu primera empresa se vea afectada tienes más empresas que te mantendrán a flote mientras se recupera la economía.

# CUIDADO CON LOS FALSOS GURÚS

Actualmente recibimos información de todo el planeta y es difícil discernir qué información nos conviene, incluso es difícil saber cuál información es real y cuál no. Ahora podemos ver supuestos líderes de industrias de todo el mundo con videos traducidos a nuestro idioma. Con más frecuencia vemos gurús de China, India, Alemania, Estados Unidos y según esta tendencia, falta poco para que empiecen a aparecer gurús de Rusia, Venezuela y de cualquier otro rincón del mundo. La forma más común que usan los falsos gurús para atraer seguidores es venderte la idea de que te hagas millonario. Ser millonario se ha vuelto el principal producto que los falsos gurús venden porque se vende solo. El mundo se ha vuelto artificial en muchos sentidos, la familia ha pasado a segundo plano y el vivir en matrimonio criando hijos ya es molestia para muchos. No me refiero a que esa forma de vida esté mal, sin embargo, la principal razón por la que hay menos matrimonios es porque ahora la prioridad es el dinero para conseguir los placeres que éste puede comprar.

El gran problema de que el dinero sea tu prioridad es porque el 95% del dinero está en manos del 5% de las familias del mundo, y si el dinero es la prioridad, significa que habrá un 95% de la población infeliz, y para colmo muchas personas que pertenecen a ese 5% de la población rica también es infeliz. Se sienten vacíos a pesar de tener tanto dinero porque están completamente solos, y las personas que los rodean son sólo buitres buscando la forma para quitarles lo que poseen. Si no me crees solo piensa porqué ese 5% de la población tiene tantos agentes de seguridad a su alrededor. En algunos casos los excesos y la falta de una familia para compartir los lleva a consumir drogas, y ahí es cuando todo termina por venirse abajo. Por ejemplo, haz de conocer al ex exfutbolista Armando Maradona quien fue una persona con dones extraordinarios para jugar futbol y sobre todo para influir en las personas. Tuvo todo el dinero que una persona podría poseer, todas las habilidades que un futbolista podría soñar, y una facilidad extraordinaria para que el pueblo lo admirara y lo siguiera, sin embargo, cuando el dinero es la principal prioridad se pierde el equilibrio emocional y todo se derrumba. Dios deja de ser prioridad igual que la familia, terminando así en una historia más de fracaso.

El emprendedor debe buscar un equilibrio en su vida poniendo a Dios y a su familia primero. Las ganancias obtenidas son motivación cuando son compartidas con la familia. Eso no tiene precio. Cuando se crece junto con la familia y los logros se comparten todo cobra sentido, por supuesto que no hay familia perfecta, pero todo se puede mejorar con comunicación y respeto. La familia se vuelve el pilar de tanto sacrificio al iniciar un proyecto, y ésta lo seguirá siendo cuando el dinero empiece a llegar en abundancia, así no se pierde el equilibrio.

Como lo mencioné anteriormente, disfruta los beneficios de ser emprendedor en cualquier etapa en que te encuentres, festeja los pequeños logros y los grandes también. No esperes a ser millonario para festejar, el dinero es importante pero no es la única prioridad. Se feliz y aún mejor, se feliz compartiendo lo que tienes y lo que sabes con las personas, y aún todavía mejor, comparte con aquellos que no conoces sin esperar nada a cambio. Se un servidor de los demás, acuérdate de que el que no vive para servir, no sirve para vivir.

**Marcos 10:45
"Porque ni siquiera
el Hijo del Hombre
vino para ser
servido, sino para
servir, y para dar
su vida en rescate
por muchos"**

Así entonces, bajo esta premisa, debes estar siempre agradecido por los dones que recibiste y por ponerlos al servicio de los demás. Apoya a los demás emprendedores y vive en agradecimiento con tu sonrisa muy alto. Vive y se la luz para aquellos que aún viven en la oscuridad de sus propios miedos.

## Acerca del Autor

### Steve Nielsen

Es Ingeniero Industrial Administrador, empresario, Coach de negocios en PNL y autor.

Nacido en la Ciudad de México en el año de 1975, Steve Nielsen pertenece a la segunda generación de una familia danesa-mexicana. Antes de graduarse de la carrera de ingeniería ya trabajaba para una empresa internacional dedicada a la fabricación de enseres domésticos, donde se desempeñó en las áreas de Calidad, Ingeniería y Producción. Una vez graduado, se unió a otra compañía internacional de la industria metalmecánica desempeñando cargos gerenciales en las áreas de producción, calidad y mantenimiento. Trabajó para la empresa Whirlpool México en el área de Abastecimiento Corporativo. Fue Gerente de Operaciones de una planta productora de lingotes de cobre, latón y aluminio, y fue Gerente de Planta en otra compañía de la industria metalmecánica. Esta experiencia fue la motivante para que emprendiera su primer negocio. Actualmente Steve Nielsen tiene sus propios negocios de los cuales está compartiendo su experiencia a través de este libro.

Su misión es que todos los emprendedores sean exitosos desde su primer emprendimiento disminuyendo la tasa de muertes de las micro y pequeñas empresas.

www.ingramcontent.com/pod-product-compliance
Lightning Source LLC
Chambersburg PA
CBHW072008170626
46813CB00005B/2072